LOS MEJORES DEPORTES
DE LA ESCUELA SECUNDARIA
VOLEIBOL

Un libro de Las Ramas de Crabtree

ESCRITO POR THOMAS KINGSLEY TROUPE
TRADUCCIÓN DE SANTIAGO OCHOA

CRABTREE
Publishing Company
www.crabtreebooks.com

Apoyo escolar para cuidadores y maestros

Este libro de alto interés está diseñado para motivar a los estudiantes dedicados con temas atractivos, mientras desarrollan la fluidez, el vocabulario y el interés por la lectura. A continuación se presentan algunas preguntas y actividades para ayudar al lector a desarrollar sus habilidades de comprensión.

Antes de leer:

- *¿De qué pienso que trata este libro?*
- *¿Qué sé sobre este tema?*
- *¿Qué quiero aprender sobre este tema?*
- *¿Por qué estoy leyendo este libro?*

Durante la lectura:

- *Me pregunto por qué...*
- *Tengo curiosidad de saber...*
- *¿En qué se parece esto a algo que ya conozco?*
- *¿Qué he aprendido hasta ahora?*

Después de leer:

- *¿Qué intentaba enseñarme el autor?*
- *¿Cuáles son algunos detalles?*
- *¿Cómo me ayudaron las fotografías y los pies de foto a entender más?*
- *Vuelve a leer el libro y busca las palabras del vocabulario.*
- *¿Qué preguntas tengo aún?*

Actividades de extensión:

- *¿Cuál fue tu parte favorita del libro? Escribe un párrafo sobre ella.*
- *Haz un dibujo de lo que más te gustó del libro.*

ÍNDICE

¡PÉGALE!

Lanzas la pelota de voleibol hacia arriba y golpeas tu servicio por encima de la red. La **líbero** del otro equipo se la pasa a la colocadora. Su rematadora devuelve el balón a través de la red, que pasa silbando entre tus compañeras de equipo.

¡Ponte las zapatillas de gimnasia y practica tu **vertical**! Estamos a punto de saber por qué el voleibol se encuentra entre los... MEJORES DEPORTES DE LA ESCUELA SECUNDARIA.

DATO CURIOSO

El voleibol se jugaba originalmente con la vejiga de un balón de baloncesto. Esto hacía que el juego fuera lento y el balón no era lo suficientemente pesado. En 1900 se creó un balón especialmente diseñado para el voleibol.

HISTORIA DEL VOLEIBOL

William G. Morgan

El deporte del voleibol fue creado en Massachusetts por un instructor de la YMCA, llamado William G. Morgan, en 1895. En aquel entonces el deporte se llamaba Mintonette.

El voleibol retoma elementos de diferentes deportes, como el baloncesto, el tenis y el balonmano. Morgan quería crear un deporte para hombres de negocios que tuviera menos contacto físico que el baloncesto.

Durante una demostración del juego, alguien se dio cuenta de que los jugadores voleaban la pelota de un lado a otro. Se decidió que el voleibol sería un mejor nombre para el deporte.

TEMPORADA DE VOLEIBOL

En muchas escuelas secundarias, la temporada de voleibol para las chicas comienza a finales de agosto o principios de septiembre y continúa hasta finales de octubre. Para las escuelas que tienen equipos masculinos, el voleibol es un deporte de primavera, desde marzo hasta mayo.

El voleibol era un deporte típicamente femenino, ¡pero cada vez más escuelas estatales han creado equipos también para chicos!

EQUIPOS DE VOLEIBOL DE LA ESCUELA SECUNDARIA

La mayoría de las escuelas secundarias tiene cuatro equipos de voleibol, dependiendo del interés de los jugadores y del tamaño de la escuela. Los dos equipos universitarios suelen ser de estudiantes de tercer o cuarto año. Los jugadores de voleibol más experimentados juegan en los equipos universitarios.

Los otros dos equipos son los universitarios *junior*. Los equipos universitarios junior son donde los estudiantes de primer y segundo año desarrollan sus habilidades. Los jugadores que lo hacen bien en este equipo pasarán al equipo universitario en el tercer o cuarto año.

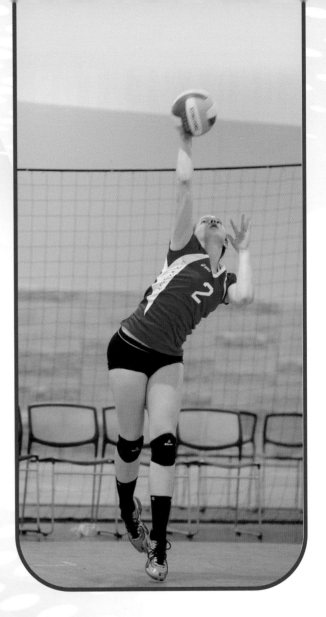

El voleibol se convirtió en un deporte con medallas en los Juegos Olímpicos de Tokio, en 1964. El deporte contaba con dos eventos: un torneo para mujeres y una competencia separada para hombres. En 1996, el voleibol de playa se añadió como deporte olímpico para mujeres y hombres.

FUNDAMENTOS DEL JUEGO

El voleibol es un deporte bastante sencillo de aprender. Hay seis jugadores en cada equipo. Tres juegan en la primera fila y tres en la segunda fila. La pelota se saca desde la fila de atrás y debe cruzar la red.

Los jugadores tienen tres golpes para hacer que el balón cruce la red. Si la pelota no vuelve a cruzar la red o se sale de los límites, el otro equipo recibe el punto. Los partidos suelen ser de tres a cinco sets en los que gana el primer equipo que llegue a 25 puntos, pero debe ganar por dos puntos.

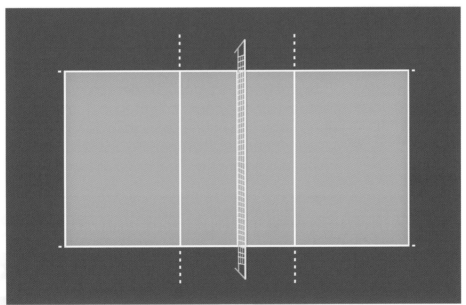

POSICIONES EN EL VOLEIBOL

Colocador: Este jugador dirige la **ofensiva** del equipo, de forma parecida a un mariscal de campo en el fútbol americano. El colocador suele ser el segundo en tocar el balón, preparándolo para el jugador atacante.

Rematador exterior (rematador lateral izquierdo): Este jugador ataca desde la izquierda y debe tener una buena capacidad de salto. Esta posición es la que se utiliza en el ataque y completa la mayoría de los golpes de ataque.

Rematador exterior (rematador lateral derecho): Este jugador ataca desde la derecha y es bueno tanto en ataque como en **defensa**. También debe tener una buena capacidad de salto. Este jugador debe estar preparado para sacar si el colocador no puede llegar a la pelota.

REMATADOR EXTERIOR

El voleibol de la escuela secundaria utiliza lo que se llama el sistema de rally. Esto significa que, independientemente de quién saque el balón, el equipo que mantiene el balón en juego gana el punto. El antiguo sistema de puntuación de servicio lateral fue eliminado, aunque algunas escuelas todavía lo utilizan. Con la salida lateral, solo el equipo que sacaba podía anotar. El equipo receptor intentaba ganar la volea para tener la oportunidad de sacar y anotar.

Bloqueador central (rematador):	Esta posición suele ser ocupada por el jugador más alto del equipo. El bloqueador central puede bloquear los tiros que vienen por el centro de la red. El rematador también hará ataques rápidos como ofensiva.
Líbero:	Esta posición se centra realmente en la defensa. El líbero solo juega en la fila de atrás y suele recibir un servicio o un ataque. El líbero también debe ser bueno en los pases. Este jugador suele llevar una camiseta de otro color.
Especialista defensivo:	Este jugador sustituye a otro en la línea de fondo, que puede no ser tan fuerte defensivamente. Mientras que un líbero solo puede jugar en la última línea, un especialista defensivo puede jugar en la primera línea si es necesario.

LÍBERO

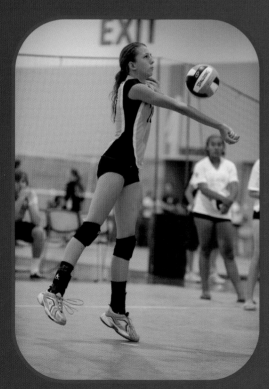

ESPECIALISTA DEFENSIVO

BLOQUEADOR CENTRAL

MOVIMIENTOS BÁSICOS

Pase con antebrazo: Cuando un jugador utiliza sus antebrazos para redirigir o pasar el balón a un compañero.

Voleo: Uso de las yemas de los dedos para golpear el balón por encima de la red.

Colocar: Empujar el balón hacia arriba para que un compañero lo pase por encima de la red.

Atacar: Utilizar un movimiento con un solo brazo por encima de la cabeza para golpear el balón con la mano abierta. Si se hace con fuerza, puede llevar el balón al **territorio** rival.

Plancha: Estirarse para golpear una pelota baja y evitar que toque el suelo.

Bloquear: Saltar a la red con los brazos en alto para impedir que la pelota del adversario atraviese la red.

Servicio: Utilizar un **golpe bajo** o un **golpe alto** para enviar la pelota por encima de la red y comenzar una nueva jugada.

COLOCAR

VOLEO

PLANCHA

SERVICIO

Los equipos de voleibol de la escuela secundaria tienen seis jugadores en la cancha a la vez. El voleibol de playa se juega con un equipo de dos contra dos. Tienen dos posiciones: bloqueador y defensor, y los partidos se juegan a 21 puntos en lugar de 25.

EQUIPAMIENTO Y UNIFORMES

El voleibol de la escuela secundaria es un deporte competitivo en el que hay mucha acción. Los jugadores necesitarán unas buenas zapatillas de gimnasia, un par de rodilleras y coderas y un protector bucal para proteger sus dientes.

DATO CURIOSO

La mayoría de los jugadores de voleibol saltan alrededor de 300 veces por partido. ¡Eso es una gran cantidad de ejercicio!

Los jugadores de voleibol llevan pantalones cortos y una camiseta corta o sin mangas. Los equipos tendrán el nombre de la escuela y el apellido del jugador en la camiseta.

PRÁCTICA Y ENTRENAMIENTO

Muchas escuelas secundarias comenzarán las prácticas de voleibol más o menos un mes antes de que comience el año escolar. Los entrenamientos regulares se realizan después de la escuela, en el gimnasio, y duran una hora u hora y media.

Los jugadores
pueden trabajar en las
habilidades básicas,
la preparación de las
jugadas, la **agilidad** y los
ejercicios de resistencia.

JERGA DEL VOLEIBOL

¡Como en la mayoría de los deportes, el voleibol utiliza nombres y frases extrañas que pueden confundir a los nuevos jugadores al principio!

Estos son algunos términos para empezar:

Asistencia: Cuando un jugador le pasa el balón a otro jugador, quien marca el gol.

Galleta o misil: Un golpe muy fuerte.

Gorro o chapa: Un bloqueo completado con éxito.

Alma: Un tipo de colocación al jugador central, aún más separada del colocador que el gancho y el doble gancho.

Recepción al bigote: Cuando la recepción es perfecta tanto en situación como en ritmo.

Palomazo: Se refiere a un ataque que se sale del campo contrario por la línea de fondo, con una trayectoria paralela al suelo.

Pescado: Jugador que, al saltar, se engancha en la red.

Gancho: Un tipo de primer tiempo un poco más separado del colocador.

ELIMINATORIAS Y TORNEOS ESTATALES

Los equipos de voleibol de las escuelas secundarias trabajan duro durante toda la temporada para llegar a la cima. Si lo hacen bien, pueden competir en las eliminatorias estatales y en los **torneos** del campeonato estatal.

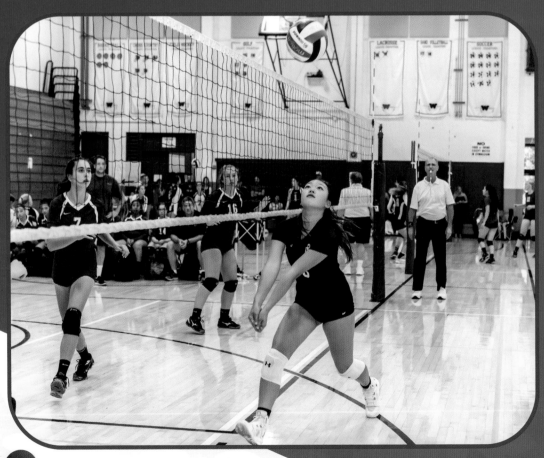

Al igual que en otros deportes, los equipos se dividen en clases, en función del número de alumnos matriculados en el instituto. Esto hace que la competencia sea justa, ya que las escuelas más pequeñas jugarán contra las más pequeñas y las más grandes se enfrentarán a las grandes.

DATO CURIOSO

El partido de voleibol más largo del que se tiene registro fue jugado en Kingston, Carolina del Norte. Duró 75 horas y 30 minutos. Esto se debió al viejo sistema de puntuación.

CONCLUSIÓN

El voleibol es uno de los deportes más emocionantes y desafiantes que pueden practicar los estudiantes de secundaria. Se necesita trabajo en equipo, habilidad y **precisión** para ganar los juegos. ¡A los aficionados al voleibol les encanta ver un buen partido!

¿Subirás a la red y lanzarás el balón hacia la victoria? Tal vez tú y tu equipo acaben compitiendo con los mejores equipos. Con la práctica y un gran servicio, verás por qué el voleibol es fácilmente uno de los ¡MEJORES DEPORTES DE LA ESCUELA SECUNDARIA!

agilidad: Moverse con rapidez y facilidad.

defensa: Defenderse de los ataques del equipo contrario en la red.

golpe alto: Con la palma de la mano hacia abajo o hacia adentro.

golpe bajo: Con la palma de la mano hacia arriba o hacia afuera.

líbero: Jugador defensivo más atrasado en el voleibol.

ofensiva: El equipo que posee el balón para intentar marcar.

precisión: Con exactitud.

territorio: Área o jugada defendida por un equipo en un juego o deporte.

torneos: Serie de concursos o partidos disputados entre equipos competidores.

vertical: El punto más alto de un salto de altura en el voleibol.

ÍNDICE ANALÍTICO

SITIOS WEB PARA VISITAR

https://kids.kiddle.co/Volleyball

https://kids.lovetoknow.com/kids-activities/

volleyball-games-kids

https://www.ducksters.com/sports/volleyball.php

SOBRE EL AUTOR

Thomas Kingsley Troupe

Thomas Kingsley Troupe es el autor de muchísimos libros para niños. Ha escrito sobre todo tipo de temas, desde fantasmas hasta de Pie Grande, y de hombres lobo de tercer grado. Escribió incluso un libro sobre la suciedad. Cuando no está escribiendo o leyendo, hace mucho ejercicio y se acuerda de cómo derribaba mariscales de campo contrarios cuando estaba en el equipo de fútbol de la escuela secundaria. Thomas vive en Woodbury, Minnesota, con sus dos hijos.

CRABTREE
Publishing Company

Written by: Thomas Kingsley Troupe
Designed by: Jennifer Dydyk
Edited by: Kelli Hicks
Proofreader: Ellen Roger
Translation to Spanish: Santiago Ochoa
Spanish-language layout and proofread: Base Tres

Photographs: Following images from Shutterstock.com: Cover background pattern (and pattern throughout book) © HNK, volleyball on cover and title page © Praneat, cover photo of male players © Monkey Business Images, cover photo of female players © ESB Professional. Page 7 © Max4e Photo, Pages 9, 10 © Monkey Business Images, Page 13 (bottom photo) © softpixel, Page 14 player duplicated on court © f_y_b, Page 15 (top photo) © dotshock, (bottom photo) © Monkey Business Images, Page 16 © HDmytro, Page 17 (top) © Monkey Business Images, (middle blocker) © ESB Professional, Page 19 all photos © Master1305, Page 21 ball © gresei, players © Artur Didyk, Page 22 © Paolo Bona, Page 23 top photo © Monkey Business Images, bottom photo © Master1305, Page 24 bottom photo © muzsy, Page 25 © Trong Nguyen, Page 27 © Iurii Sivokon, Page 29 top photo © Monkey Business Images, bottom photo © f_y_b. Following images from istock by Getty Images: Pages 4 and 5 © Artur Didyk. Following images from Dreamstime.com: Page 5 ball © Tetiana Miroshnichenko, Pages 8, 11, 13 (top photo), © Sports Images, Page 12 © Jon Osumi, Page 14 illustration of court © Lesik Aleksandr, Page 17 (defensive specialist) © Sports Images, Page 20 © Cosmin Iftode, Page 24 top photo and Page 26 © Jon Osumi, Page 28 © Sports Images. Page 6 public domain image from Official Volley Ball Rules, 1916-1917.

Library and Archives Canada
Cataloguing in Publication

CIP available at Library and
Archives Canada

Library of Congress Cataloging-in-Publication Data

CIP available at Library of Congress

Crabtree Publishing Company

www.crabtreebooks.com   1-800-387-7650

Printed in the USA/062022/CG20220124

Published in the United States
Crabtree Publishing
347 Fifth Avenue, Suite 1402-145
New York, NY, 10016

Published in Canada
Crabtree Publishing
616 Welland Ave.
St. Catharines, Ontario L2M 5V6